Inhalt

Karriere-Coaching

Kernthesen

Beitrag

Fallbeispiele

Weiterführende Literatur

Impressum

GENIOS WirtschaftsWissen Nr. 09/2003 vom 26.09.2003

Karriere-Coaching

M.Reiner

Kernthesen

- Karriere-Coaches werden bei Unternehmen und Mitarbeitern zunehmend beliebter, um trotz der schwierigen Arbeitsmarktlage Entwicklungsmöglichkeiten zu erkennen. (1)
- Während Beschäftigte hoffen, den für sie passenden Karriereweg zu finden, wollen die Unternehmen dadurch die Potenziale ihrer Mitarbeiter ergründen und Unternehmensressourcen optimal nutzen. (2), (3)
- Damit in Zukunft der boomende Berater-Markt transparenter wird, ist es notwendig, einen einheitlichen Qualitätsstandard zu entwickeln und Ausbildungsmöglichkeiten für Karriereberater bereit zu stellen. (1),

Beitrag

Der Beratermarkt boomt. Denn Karriere-Coaching ist für Unternehmen und Beschäftigte gleichermaßen lohnend. Die Firmen können trotz Einstellungsstopps wichtige Positionen intern besetzen und die Motivation ihrer Mitarbeiter fördern. Arbeitnehmer haben auch bei stagnierendem Arbeitsmarkt die Möglichkeit, ihre Berufslaufbahn selbst in die Hand zu nehmen und auf der Karriereleiter eine Stufe nach oben zu rutschen.

Unternehmensinternes Karriere-Coaching

Interne Karriere-Berater

Um das Potential eines Mitarbeiters optimal zu nutzen, bieten einige Unternehmen, wie z.B. Quelle, interne Karriereberatungen an. Die Coaches sollen den Mitarbeitern helfen, ihre Karrierewünsche zu definieren und über Entwicklungsmöglichkeiten nachzudenken. (3)

Indem Vorgesetzte über die Karrierewünsche ihrer

Mitarbeiter informiert sind, können sie gezielt Fördermaßnahmen ergreifen und Entwicklungspläne festlegen. Das wirkt Motivationsverlusten und Leistungsabfällen der Beschäftigten entgegen und bindet diese langfristig an das Unternehmen. (2)

Ein immer häufiger angewandtes Instrumentarium zur Transparenz von Mitarbeiter-Entwicklungsmöglichkeiten sind Karrier-Portale. Zusammen mit den internen Beratungen bringen sie freie Unternehmensressourcen ans Licht.

Karriereportale

Viele Positionen bleiben in Firmen unbesetzt, da Neueinstellungen aufgrund von Kostengründen vermieden werden. Um intern den geeigneten Mitarbeiter für die offene Stellen zu finden, werden vor allem in Großunternehmen immer häufiger Karriereportale eingesetzt.
Die Plattform dient den Abteilungen dazu, Stellen anzubieten und sich selbst zu präsentieren. Talente, die sich beruflich verändern möchten, können auf diese Weise gehalten werden. Sie haben die Chance, ihr Profil einzugeben und sich im eigenen Unternehmen weiterzuentwickeln. (2)

Das Karriereportal als Marktregulator

Indem Mitarbeiter auch tatsächlich an den Stellen im Unternehmen eingesetzt werden, in denen sie gebraucht werden, können Entlassungen vermieden bzw. nicht ausgelastete Positionen "umgeschichtet" werden. Das Karriereportal wird so zum "Marktregulator" im eigenen Unternehmen. (2)

Externes Karriere-Coaching

Berater liefern vor allem Führungskräften wertvolle Hinweise zu ihrem Auftreten und möglichen Schwächen. Angestellte finden oft nicht den Mut, Kritik zu üben und den Vorgesetzten auf ein Fehlverhalten oder Fehlentscheidungen aufmerksam zu machen. Das führt dazu, dass Führungskräfte die Fähigkeit zur Selbsteinschätzung verlieren können. Karriereberater hingegen sind dazu da, diese Missstände aufzudecken und den Kunden zu helfen, durch Selbstanalyse eine Balance im Leben zu schaffen. (2), (3)

Woran erkennt man gute Berater?

Noch fehlen europaweit Standards für die Ausbildung von Karriereberatern. Um Firmen und Privatleuten die Suche zu vereinfachen, hat die Unternehmensberaterin Dorothee Echter mit Kollegen unter dem Label "Executive Coaching Quality (ECQ)" Qualitätsmerkmale für Karriereberater entwickelt. Dazu zählen unter anderem persönliche Unabhängigkeit und Exklusivität. (1)

Empfehlungen sind in vielen Fällen die sicherste Möglichkeit an einen guten Berater zu gelangen. Aufpassen sollte man aber, wenn innerhalb eines Unternehmens mehrere Mitarbeiter den gleichen Coach aufsuchen. Dies kann zu Loyalitäts- und Offenheitsverlusten führen.

Um einen besseren Überblick zu bekommen, sollte man sich kostenlos Angebote erstellen lassen und diese vergleichen. Auch sollten der Lebenslauf und die eigene Karriere des Beraters unter die Lupe genommen werden. Gute Berater haben Erfahrung im Management und unterziehen sich regelmäßig einer Selbstkontrolle.

Fallbeispiele

Laut einer Studie des EU-Projekts "Riperijo" (Right Person in the right Job) fehlen in ganz Europa Qualitätsstandards für die Ausbildung von Karriereberatern. Aus diesem Grund arbeiten neun europäische Partnerländer derzeit an einem europaweiten Ausbildungskonzept. Die Kosten für die Schulung betragen ca. 2500 Euro. Anbieter in Österreich sind u.a. die Uni Klagenfurt, Wifi in Wien und BIfEB St. Wolfgang. Informationen können unter www.riperijo.org oder www.berufsberater.at abgefragt werden. (1)

Die Firmen Neckermann und Quelle setzen in ihren Unternehmen Karriereportale und interne Berater ein, welche die Mitarbeiter über Entwicklungsmöglichkeiten und Karrierechancen informieren. Damit soll dem Leistungsabfall und der Motivationslosigkeit entgegen gewirkt werden. (2)

Eine Potenzialerkundung ihrer Mitarbeiter sollten Unternehmen so früh wie möglich in Angriff nehmen. Die Sparkasse Rhein-Nahe testet die Eignung von Auszubildenden bereits im Vorfeld anhand der Potenzanalyse für den Bankkaufmann bzw. die

Bankkauffrau. Anhand von fünf Anforderungsdimensionen werden Merkmale wie Kundenorientierung, verkäuferische Fähigkeiten, Initiative oder soziale Belastbarkeit gemessen. (5)

Interessante Literatur zum Themenbereich "Karriere und Beruf" stellt die Zeitung "Die Welt" ihren Lesern vor. Der Artikel umfasst neben einer Inhaltsbeschreibung der Bücher auch eine Bewertung mit Preisangabe. (6)

Um den Markt der Karriereberater transparenter zu gestalten, hat die Unternehmensberaterin Dorothee Echter zusammen mit Kollegen Qualitätsstandards für den Coachingprozess erarbeitet. Die Kriterien sollen Kunden helfen, die Qualität des Anbieters ermitteln können.

Bei der Firma SAP stehen Mitarbeitern Karriereberater zur Verfügung, die in Gesprächen Schwächen und Potenziale der Beschäftigten eruieren und mögliche Positionen im Unternehmen definieren. Außerdem haben die Angestellten die Möglichkeit, in den jährlichen Beurteilungsgesprächen ihre Entwicklungspläne festzuhalten. Das Unternehmen unterteilt die Berufslaufbahn der Mitarbeiter in die Management- und Fachlaufbahn sowie neuerdings auch eine Projektlaufbahn. Letzteres soll dazu dienen, die Diskrepanz zwischen Verantwortung und Position auszugleichen. Die Kandidaten für die Laufbahnen werden einmal im Jahr anhand eines Talents-Review-Meetings ermittelt. (2)

Nach einer Studie des Instituts für Arbeits- und Berufsforschung (IAB) in Nürnberg werden zwei Drittel der zu besetzenden Stellen in Unternehmen über Kontakte vergeben. Das entspricht in etwa 270.000 Stellen monatlich. Aus diesem Grund arbeitet die Münchner Karriereberaterin Madeleine Leitner nach der Life/Work-Planning Methode des amerikanischen Beraters und Bestsellerautors Richard Nelson Bolles. In einem ersten Schritt muss sich der Kunde einer ausführlichen Selbstanalyse unterziehen. Als nächstes steht die Suche nach Firmen auf dem Programm. Die Kunden werden dabei angehalten, zu Mitarbeitern der Wunschfirma Kontakte zu knüpfen, um sich so im Bewerbungsgespräch besser präsentieren zu können. (3)

Für die Leser der Süddeutschen Zeitung hat Akiko Lachenmann das Online-Karrierecoaching der Hochschulzeitschrift Unicum getestet. Interessierte erfahren, was im Test gefordert wird, wie viel Zeit man sich nehmen muss und wie brauchbar das Ergebnis ist. Entwickler des Tests ist Heinrich Wottawa, der auch schon Personaltests für die Deutsche Bank und Allianz gestaltet haben soll. (7)

Weiterführende Literatur

(1) Berufsberatern fehlt richtige Ausbildung EU-Projekt Riperijo startet einen Lehrgang für Karriereberater inklusive E-Learning-Elementen
aus WirtschaftsBlatt, 09.08.2003, Nr. 1929, S. A19

(2) Die unternehmensinternen Chancen nutzen. Karriereportale zeigen Perspektiven auf, Computerwoche Nr. 27 vom 4.7.2003, Seite 44
aus WirtschaftsBlatt, 09.08.2003, Nr. 1929, S. A19

(3) Mit aktiver Karriereplanung aus der Krise
aus Frankfurter Allgemeine Zeitung, 26.07.2003, Nr. 171, S. 47

(4) Bürkl, Anni, Umsteiger ermutigen zum Traumjob. Auf der Suche nach ihrer Berufung vergessen Jobwechsler oft den Bedarf am Arbeitsmarkt, WirtschaftsBlatt Nr. 1914 vom 19.7.2003, Seite A22
aus Frankfurter Allgemeine Zeitung, 26.07.2003, Nr. 171, S. 47

(5) Potenzialerkundung vor Ausbildung schafft zukunftsbezogene Klarheit über die Bewerber und deren Entwicklungsmöglichkeiten Personal von Anfang an anforderungsgerecht entwickeln
aus Die SparkassenZeitung, 25.07.2003, Nr. 30, S. 13

(6) Ratgeber für Beruf und Aufstieg gibt es wie Sand am Meer - gute und überflüssige. Eine kleine

Auswahl, deren Lektüre lohnt, hat KARRIEREWELT zusammengestellt: Von der Anleitung zum Stärken der Stärken, über legale Bewerbungstricks bis zur Schwarzen Rhetorik Wiesel sind genial
aus Die Welt, Jg. 58, 12.07.2003, Nr. 160, S. B9

(7) Lachenmann, Akiko, Sachbearbeitung statt Management. Kostenlose Online-Karriereberatung im Test: Wirtschaftspsychologen halten den Spiegel vor, Stuttgarter Zeitung vom 10.9.2003, Seite 32
aus Die Welt, Jg. 58, 12.07.2003, Nr. 160, S. B9

(8) Schöne neue Wirtschaftswelt Wer in der aktuellen Krisenlage Karriere machen möchte, sollte nicht in seinen Lebenslauf investieren, sondern in ein besseres Gesicht. Neue Untersuchungen zeigen: Nie waren Äußerlichkeiten so entscheidend für den beruflichen Aufstieg wie heute von Claudia Witte
aus Financial Times Deutschland vom 12.09.2003, Seite WE2

Impressum

Karriere-Coaching

Bibliografische Information der deutschen Nationalbibliothek

Die Deutsche Nationalbibliothek verzeichnet diese Publikation in der deutschen Nationalbibliografie; detaillierte bibliografische Daten sind im Internet über http://dnb.d-nb.de abrufbar.

ISBN: 978-3-7379-0873-3

© 2015 GBI-Genios Deutsche Wirtschaftsdatenbank GmbH, Freischützstraße 96, 81927 München, www.genios.de

Alle Rechte vorbehalten. Dieses Werk ist einschließlich aller seiner Teile – z.B. Texte, Tabellen und Grafiken - urheberrechtlich geschützt. Jede Verwertung außerhalb der Grenzen des Urheberrechtsgesetzes bedarf der vorherigen Zustimmung des Verlags. Dies gilt insbesondere auch für auszugsweise Nachdrucke, fotomechanische Vervielfältigungen (Fotokopie/Mikroskopie), Übersetzungen, Auswertungen durch Datenbanken oder ähnliche Einrichtungen und die Einspeicherung und Verarbeitung in elektronischen Systemen.